DETRÁS DEL ARCOÍRIS

Más allá de lo que piensas

La historia de un migrante gay

Moisés Berríos

Reservados todos los derechos. No se permite la reproducción total o parcial de esta obra, ni su incorporación a un sistema informático, ni su transmisión en cualquier forma o por cualquier medio (electrónico, mecánico, fotocopia, grabación u otros) sin autorización previa y por escrito de los titulares del copyright. La infracción de dichos derechos puede constituir un delito contra la propiedad intelectual.

El contenido de esta obra es responsabilidad del autor y no refleja necesariamente las opiniones de la casa editora. Todos los textos e imágenes fueron proporcionados por el autor, quien es el único responsable por los derechos de los mismos.

Publicado por Ibukku, LLC
www.ibukku.com
Diseño y maquetación: Índigo Estudio Gráfico
Copyright © 2022 Moisés Berríos
ISBN paperback: 978-1-68574-192-1
ISBN ebook: 978-1-68574-193-8

Índice

La vida como milagro humano   7

Relato de Moisés   13

Detrás del arcoíris   17

Nueva etapa   29

Regreso a Valencia
Ciudad de las naranjas dulces y los hombres complacientes   35

Agradecimientos   45

Nacemos, pero no sabemos
qué nos prepara la vida.

Moisés Berríos

La vida como milagro humano
11 DE ABRIL DE 1990

En Valencia, estado Carabobo, en la República de Venezuela, nace el 11 de abril de 1990 Moisés Antonio Berríos Alvarado, de quien estamos hablando a lo largo y ancho de esta publicación. De padres venezolanos e hijo menor de un núcleo familiar de 6 personas. El día del nacimiento de este joven pasó infinitos acontecimientos cuyas consecuencias veremos durante el desarrollo de este texto.

1. Nacimiento: el gran día llegó, todos en casa asustados y a la vez emocionados por la llegada de un nuevo miembro, todos salieron de volada al hospital para el nacimiento de Moisés. Al llegar al hospital el parto se complicó y tuvieron que someter a su madre a una práctica de cesárea inducida. Esto afectó al bebé debido a que el cordón umbilical giró 3 veces en el cuello, lo que provocó que Moisés se pusiera morado y perdiera respi-

ración. Después de 3 horas de trabajo de parto se consiguió sacarlo con vida de ese trance. Él y su madre, muy delicados por el evento, estuvieron varios días recluidos en el hospital. Al cabo de estos días se fueron al barrio donde vivían, por cierto en una casita de latas muy humilde pero, gracias a Dios, llena de mucha unión y de gente trabajadora.

2. Crecimiento: la madre de Moisés y su padre comenzaron a tener problemas cuando él tenía 2 años, esto trajo como resultado la separación entre la pareja, cosa que afectó al núcleo familiar. Su madre tuvo que comenzar a trabajar en una empresa de limpieza de la zona, y mientras esto pasaba a Moisés lo cuidaban su hermana y su hermano mayor. Con mucho esfuerzo la madre llevaba el sustento diario y en ocasiones el padre de Moisés ayudaba en algunas cosas.

3. Desarrollo: al pasar el tiempo la madre de Moisés comienza una nueva relación, cosa que también trajo problemas debido a que su hermano mayor no estaba de acuerdo con esta persona. Esto acarreó que el chi-

co comienza a tomar rumbos equívocos de delincuencia y consumo de drogas mientras su madre trabajaba. La cosa empezó a ir muy mal, el dinero no alcanzaba para cubrir necesidades y, a consecuencia de ello, el hermano mayor comenzó a robar en zonas cercanas. También la hermana mayor de Moisés tuvo que dejar de estudiar porque no alcanzaba para esos gastos.

4. Moisés: este niño comenzó a observar todas estas dificultades, y aunque tenía 7 años de edad podía entender muchas cosas de la situación. Los días pasaban entre problemas con el hermano y una madre desesperada y cansada por el exceso de trabajo y las preocupaciones que le generaba la situación con su hijo mayor.

5. Atención: aunque su madre era muy amorosa y dedicada, Moisés optó por seguir el rumbo de su vida, lavaba su ropa solo, aprendió a cocinar y ya cuando más grandecito tenía todo listo con su otra hermana para cuando llegaba mamá del trabajo. A todo esto se le sumó que su hermana mayor se fue de la casa con un vecino y formó una

familia muy prematura. El hermano mayor de Moisés había caído preso, y no quedaba otra opción que Moisés y la hermana del medio se quedaran solos, y resolvieran hacer las cosas de la casa y a la vez de la escuela. Mientras, la amorosa y dedicada madre se esforzaba trabajando de un lugar a otro para que no les faltase comida y también para poder ayudar a su hijo mayor a salir de la cárcel. Esta señora trabajaba en una empresa y luego de allí se iba a una casa de familia a planchar, luego los fines de semana vendía desayunos en una empresa de cursos. Y el domingo muy temprano se iba con su hija mayor a visitar a su hijo preso.

6. Desarrollo parte 2: en todo ese crecimiento de vicisitudes y precario crecimiento, Moisés siguió creciendo y llenándose de mucho valor y pensamientos de superación personal de los que solo podía hablar con su yo interno y con un Dios todopoderoso que nos comenta que jamás lo dejó solo.

7. Sucesos inesperados: como ya he contado, este chico se quedaba el día en casa solo con su hermana. Ella estudiaba en la mañana y

él en la tarde. En horas de la mañana Moisés hacía su desayuno y limpiaba la casa y el terreno de la misma. Por cierto, ya no era de lata, su madre había conseguido una ayuda que el gobierno de ese momento entregaba a las familias de bajos recursos.

8. Sucesos inesperados, 2ª parte: Moisés tenía unos primos que también se quedaban solos, y en ese grupo de primos estaba uno ya grande. Este lo invitaba a jugar y al cabo de un tiempo comenzó a abusar sexualmente de él.

9. Consecuencias: Moisés por temor no dijo nada sobre el tema, pero era tan frecuente el abuso de este primo hacia él que un día llegó a su casa con su parte íntima muy adolorida, por lo que su madre lo llamó para que hablaran.

Relato de Moisés

MOISÉS BERRÍOS

Sí. Ese día mi mami me llamó para hablar. Me dijo que le tuviera confianza, que nada malo me iba a pasar. Entonces con mucho temor le conté lo que pasó. Mi pobre madre no podía creerlo, imagino que se sintió tan mal y tan culpable, pero ella no tenía la culpa pues yo entendía que debía trabajar duro y también entendía que tenía mil asuntos sin resolver. Este caso se habló con mi tía y después de allí mi madre me metió a que me cuidaran en un centro de niños que era nuevo en la zona.

En ese lugar era feliz, tenía muchas amistades, la señora que me cuidaba era muy cariñosa y recuerdo que mientras los otros niños dormían siestas yo conversaba toda la tarde con ella y otra señora. Durante 1 año estuve allí, iba al kínder y luego me llevaban a ese lugar.

Todo como que comenzó a arreglarse; luego de todo esto en casa seguían los problemas pero mi mami estaba resolviendo cada uno de ellos. Casi no se hablaba de todo eso, al menos no conmigo, que era el hijo menor y el bebé eterno de la casa.

Luego comencé la escuela, y ya por ser más grande no tenía que ir al centro de cuidado y comencé a quedarme solo, pero mi hermana mayor estaba muy pendiente de mí. Todo lo hacía solo. Aprendí de todo lo necesario para ayudar a mi madre al menos en la casa.

Las cosas habían mejorado; mi hermanita y yo hacíamos las cosas juntos, jugábamos y así se nos iba el día hasta que mami llegaba a casa. Todo estaba listo. Bueno, menos el día que llegó el agua por tubos a mi barrio por primera vez, ja, ja, ja. Ese día invitamos a una prima a jugar a lavar la casa, fue tan entretenido que no nos dimos cuenta de la hora. La sorpresa fue que mi mamá llegó y la casa toda mojada, la golpiza no fue normal, ja, ja, ja, aún recuerdo ese día. Pasado todo, pues así siguió pasando el tiempo.

En la escuela me iba bien, yo era muy aplicado, solo que cuando llegué a tercer grado los niños comenzaron a ver que era diferente y que hablaba distinto a ellos.

10. Qué pasó: pasó que los niños decían que hablaba como niña, que era un maricón, y esto comenzó a crear en mí una situación de intranquilidad y de sentimientos encontrados. Yo no me sentía niña, de hecho tenía una novia que era mi vecina. Solo sé que había un señor de mi barrio que cada vez que lo veía el corazón me latía a mil por hora y lo veía hermoso. El problema en mi escuela siguió. Solo podía relacionarme con niñas y algunos niños que no se metían conmigo. Recuerdo que en las noches lloraba mucho y le pedía a Dios que me quitara esa forma de hablar, pues quería hablar como niño y actuar como niño. De hecho fui a la iglesia donde asistía mi abuela; estar allí me hacía sentir bien. Además conocí a Cristo Jesús, conocí de su amor y también conocí que para él todos somos iguales. Pero lo extraño de todo esto fue que a ese mismo Jesús le pedía que me quitara esa condición. Pero nunca pasó.

11. Sigue la historia: fui creciendo y ya sabía que no iba a cambiar mi forma de ser y menos mi forma de hablar. Ya era grande y empecé a leer sobre mi situación. Sabía que era "gay". Comenzaron a gustarme otros chicos y así comenzó lo que denomino...

Detrás del arcoíris

Llegué al liceo a la edad de 13 años. Allí todos ya sabían que era gay. Por ser un joven muy tranquilo nadie se metía conmigo; tenía varios amigos, entre ellos uno que más adelante se convirtió en mi primer novio de liceo. Sé que algún día va a leer este libro.

Esa etapa fue bonita, me la llevaba bien con todos y era buen estudiante. Excepto por matemáticas, que jamás fue ni ha sido mi fuerte. En esa etapa comenzó a gustarme el mundo de la animación y de la actuación, se lo manifesté a mi mamá y a mi abuela y ellas me ayudaron a entrar a un curso. En ese curso conocí a más chicos gays y empecé a conocer más y más sobre el tema. Entre esos temas estaban:

1. Qué era activo y qué era pasivo. ¡Cuando supe qué era esto mi cabeza comenzó a dar vueltas y quería saber en cuál de ellas estaba yo! Luego ya supe.

2. Aplicaciones y páginas web de chat con más gente gay. En estas páginas conocí mucha más información y mucha gente que al ver que era carne fresca quería tener sexo conmigo y me enviaban fotos de sus penes, cosa que despertó muchas cosas dentro de mí.

Recuerdo claramente que un día, estando en el café internet, un chico con quien siempre hablaba me mandó un link de un video. Al abrirlo me di cuenta de que era un material pornográfico. Lo vi completo y en la noche, al llegar a casa, experimenté por primera vez una masturbación. Estoy seguro de que fue un diciembre, pues en mi casa estaban pintando. Les digo que fue una experiencia superbuena, al pasar los días solo quería estar en eso. Me masturbaba hasta cinco o seis veces, me iba al liceo más temprano para ir al café internet y ver más y más porno. Waooooo, mi vida dio un gran cambio y mi pene también, ja, ja, ja.

Así siguió mi vida durante los siguientes 2 años. Engañaba a gente por el chat, les decía para vernos pero luego me daba miedo, nunca fui a ninguna cita. De hecho, me la pasaba muy ocupado, entre las clases, llegar a casa a hacer mis oficios, y luego los sábados iba a la academia de actuación, tareas del liceo y, ¡ah sí!

Pasado ese tiempo llegué a tercer año de liceo. Terminé el curso de actuación y animación y quedé seleccionado para una serie juvenil que se llamó "Hermanos". Esta se transmitió en un canal regional en mi ciudad natal. Me sentía muy muy bien, pues había cumplido un sueño, al mismo tiempo empecé a formarme como recreador de planes vacacionales, donde aprendí mucho sobre animación y recreación. Terminando el tercer año, debí entregar un proyecto científico en el liceo; a ese evento escolar iba gente de las empresas patrocinantes y allí, ese día, conocí al primer amor de mi vida: Carlos, uno de los jueces del evento. Recuerdo que me tocó exponer y él me hizo muchas preguntas y todas las contesté. Luego que terminó todo me buscó y me felicitó, al mismo tiempo me dijo: "Es usted un joven bien preparado". Lo mejor de eso fue que me dio su tarjeta. A los días él y su equipo llevaron regalos a los ganadores de la actividad y de nuevo me saludó. Confieso que me temblaban las piernas y el corazón lo tenía a mil. Nunca olvido que me dijo: "Me quedé esperando su mensaje". Ummm, y yo:

"Uy, disculpe, perdí su tarjeta". Y él respondió: "No importa, dame tu número". Y yo: ¡OMG! Pues no dudé en dárselo, de hecho tenía pocos días con mi celular, mi abuelita había hecho el esfuerzo de regalarme uno. Ese día comenzó el contacto entre Carlos y yo. Hablamos horas y horas, él me gustaba mucho y yo a él, como a los 15 días de estar en contacto me invitó a salir y yo le dije que sí, y la más grata sorpresa fue que llegó a buscarme en su carro. Yo waoooo, les digo que sentía mucho miedo pero la verdad él me gustaba. Fuimos por un helado cerca de la zona donde yo estudiaba, llegamos y conversamos. Él me comentó que él sabía que yo era muy joven para él, pero que había visto en mí un chico muy amable y lleno de mucha paz y naturalidad. Además me decía que era muy guapo, ja, ja, ja, cosa que a todos nos gusta que nos digan. Ese día yo le dije que también me gustaba mucho pero que tenía miedo de lo que pudiera pasar, pues mi madre y mi familia no sabían nada de mí. A todas estas yo me la pasaba más en la calle que en mi casa, debido a que había muchos problemas y yo no quería llegar a ver a mi madre sufriendo por ellos. Después de ese primer encuentro entre Carlos y yo todo siguió marchando superbién; luego, como a los

2 meses, me dijo que fuera a su casa y me quedara. Yo tuve que mentirle a mi mamá: le dije que iba a hacer un trabajo del liceo.

El gran día llegó y él llegó por mí a la parada cerca de mi casa. Nos fuimos a su casa. Por cierto, muy linda casa, y él vivía solo. Carlos había perdido a su madre de muy joven y lo había criado una tía que le enseñó a que se independizara rápido. Ese día fue mágico. Por primera vez besé a un hombre, por primera vez pude saber lo rico que se siente poner en práctica aquella infinidad de películas que había visto en la Web. Allí descubrí que era muy rico ser GAY y que podía amar sin temor. Ese día descubrí un cuerpo, quité con pasión cada prenda de ese cuerpo y lo besé y lamí hasta más no poder. Ese acto fue mágico y duradero. Nunca paré de besarlo, nunca paré de pasar mi lengua por su espalda, su pene y su pecho. Nunca olvidaré a aquel hombre de 34 años, velludo, varonil y amable, que me dio la oportunidad de tener el primer orgasmo de mi vida. Allí, en ese momento de lasciva pasión, descubrí que era activo y que él era pasivo. O al menos en esa relación iba a ser de esa forma, porque a él no le gustaba penetrar. Pasó una y otra vez, lo hicimos muchas veces, fue mágico, fue real y fue puro.

Luego de eso comenzó una bonita relación. Él me cuidó y me enseñó muchas cosas. Yo tenía 15 años en ese momento. A los meses de estar juntos él tuvo que hacer un viaje y me quedé solo y sufriendo mucho. En ese tiempo de su ausencia no quise seguir estudiando, tuve que confesarle a mi madre que era gay, le hablé de Carlos y también le expliqué por qué estaba triste. Mi madre con mucho amor me aceptó y me dijo: "Hijo, no estás solo, aquí estoy yo y créeme que todo va a pasar". Le dije que no gastara más plata: "Yo no quiero ir más a clases, yo voy a trabajar". Y pues mi madre se negaba, lloró mucho y me dijo: "Hijo, quiero que seas grande, quiero que tengas un título, que puedas salir de este barrio. No quiero que te consumas en la pobreza". Y solo le dije: "Te prometo que algún día vas a dejar de trabajar tanto, madre, algún día no seremos pobres, solo te pido que me dejes trabajar y luego estudiar en las noches". Y con sus ojitos llenos de lágrimas me dijo: "Está bien, mi rey, confío en ti". Trabajé tanto como podía; ayudaba mucho a mi madre y también me compré cosas para mí. Recuerdo que mi primer trabajo fue en un autolavado, mi ocupación allí era lavar rines, llantas y alfombras de goma. Los dueños me querían mucho, allí podía estudiar por las noches. Hice un grupo de amigos y también comencé a salir con ellos y a tomar licor casi todos los fines de semana. Tenía una amiga que también era vecina de mi barrio, eso era terrible, ja, ja, ja, porque era pura fiesta. Nos íbamos a los ríos, a bares y a todo sitio donde pudiéramos divertirnos. Pero lo malo de esa etapa fue que mi mamá se preocupaba mucho, y adicional a esto cada vez que llegaba a casa ella me decía que no era la vida que quería para mí. A los siete meses de estar allí conseguí trabajo en una cadena de comida rápida, allí entré con un permiso especial de trabajo, y era cajero. En ese trabajo era muy bueno, daban capacitación y pues uno cambiaba la forma de pensar y de hacer las cosas. Llegaba supercansado a casa y el pago era muy muy poco; casi no me alcanzaba para nada, pero me quedé allí hasta que fui mayor de edad.Obvio, seguía con Carlos y seguía luchando por mi madre, ella es mi motor y mi más preciado anhelo de salir adelante. Yo debía continuar mi relación y por eso tomé la decisión de que mi mamá conociera a Carlos, viera lo maravilloso que era y supiera todo lo que me estaba enseñando de la vida. Este chico y yo teníamos una relación muy buena y yo estaba aprendiendo de él; pasábamos los fines de semana juntos compartiendo. Yo era parte de su grupo de amigos, salimos muchas veces. Duramos 4 años de relación, fue muy lindo pero a veces me sentía ahogado porque él era muy celoso y quería tenerme solo para él, por ese motivo eran nuestros problemas. Recuerdo que nuestra última discusión fue porque fuimos a la discoteca y pasamos la noche allí bailando y compartiendo con unos amigos, y como a las dos de la mañana le dije "¡Estoy cansado! ¿Podemos ir a casa?". Y me dijo: "Claro, papi, vamos", y en el camino a casa le dije: "Quiero ir a mi casa, no a la tuya, porque allá está tu tía y esa señora es muy amargada conmigo". Él se molestó y me dijo que yo no lo amaba y que seguro en mi casa me estaba esperando alguien. Solo le dije: "Ok, Carlos, como tú lo quieras pensar, solo agradezco que me lleves a casa".

Me llevó a casa y luego estuvimos como tres días molestos. El miércoles de esa semana ya comenzó a pedir disculpas y en la noche salimos a comer y luego fuimos a su casa, y ahí hubo reconciliación, ja, ja, ja. Todos esos días me quedé allí con él; obvio, cada quien salía a su trabajo y en las tardes ya nos veíamos en la casa. Yo trabajaba y estudiaba; el fin de semana me dijo que quería ir a la playa y ese sábado nos fuimos a una carne asada donde su amiga Karla, una chica lesbiana que vivía con su pareja. Esa noche también llegaron otros amigos a la reunión y a las tres de la mañana del domingo nos fuimos todos a la playa. Llegamos en pleno amanecer y recuerdo claramente que Carlos me gritó: "¡Moisés, te amo y te amaré por siempre!". Ese día fue genial, duramos todo el día en la playa; lo único malo es que ya el grupo había tomado mucho licor toda la noche y aún en la playa seguían tomando. Como a las cuatro de la tarde los chicos comenzaron a jugar a quién nadaba más lejos, y a cada rato se metían y volvían, pero llegó un extremo en que todos estaban muy ebrios y yo le dije a Carlos que ya era suficiente, que podía ahogarse. Pero me dijo: "Moi, esta última vez y ganaré por ti y porque te amo". Entonces volvieron a meterse al agua y al rato vi que todos salieron menos Carlos, y pasamos rato buscando y nada que apareció. Me desesperé mucho y fui a la caseta de los salvavidas y pusimos el reporte. Enseguida salieron a buscarlo dentro del mar. Durante muchas horas buscaron y buscaron y nunca apareció. Yo estaba al borde de la locura y la tristeza. La búsqueda duró ese día hasta las siete y nunca apareció. Yo llamé a su tía y horas después llegaron al lugar y amanecimos allí. En la mañana salió un grupo de nuevo a la búsqueda y cerca de una isla muy pequeña, a pocos kilómetros de la playa, estaba el cadáver de Carlos flotando. Al llegar con él a la orilla nos dieron la dura noticia. Yo quería morirme. Le gritaba: "¡Por qué te fuiste, mi amor, si te dije que no te metieras de nuevo!". No podía parar de llorar. Ese domingo se llevaron el cadáver y en horas de la noche fue el velorio. Nunca me aparté de él, porque sabía que al día siguiente lo perdería para siempre. Me sentía vacío y sin fuerzas, no quería ver ni recibir a nadie. Aquellos días de felicidad, de aprendizaje con él, habían terminado así como termina todo en esta vida. El día martes en horas de la tarde fuimos al cementerio a enterrarlo y fue uno de los momentos más duros y tristes de mi vida. Recuerdo que aquella noche llegué a casa de mi mamá y lo que hacía era puro llorar, pero siempre Dios me sacó adelante y mi madre siempre estuvo allí a mi lado. Los días pasaron y el dolor seguía, pero debía poner en práctica todo lo que él me había enseñado. Por cierto, me quedaron algunas cosas de él y también un dinero que me ayudó. A los dos meses de aquella terrible pérdida, conseguí un empleo y me dispuse a continuar mi vida.

Nueva etapa

Como a los dos meses de haber pasado por ese duro y triste momento, conseguí un nuevo empleo como promotor de una empresa que fabricaba galletas. Allí comencé a trabajar duro, el salario era muy bueno e hice muchas amistades que me ayudaron a superar tanto sufrimiento. Comencé a salir y a relacionarme con gente nueva, con jóvenes de mi edad. Comencé a salir con ellos y en ese trabajo conocí a mi mejor amigo, Abelardo Páez. Ese loco fue una gran bendición en mi vida, recuerdo que en ese tiempo él vivía con su pareja, y yo también aprendí mucho de esa relación. Mi amigo estaba superenamorado de aquel chico. Recuerdo que nuestra amistad comenzó en las reuniones que hacía la empresa tres veces por semana. Al cabo de varios meses compartimos números de celular y ya la cosa comenzó a agarrar forma de amistad. Teníamos una jefa muy estricta, ella era buena nota, luego se convirtió en una persona muy especial para mí. Seguí trabajando allí al igual que mi amigo, empezamos a salir y compartir, comencé a ir a su casa y también me hice amigo del hermano de mi amigo, un hombre superguapo y varonil que trabajaba como abogado. Él también era gay, pero de muy buenos principios, y me aconsejó muchas veces. Y salimos tres veces en plan de amigos, Abelardo y yo fortalecimos nuestra amistad y al tiempo nos separamos del trabajo, pero nunca perdimos el contacto. Yo lo quiero mucho; si algún día lee este libro, quiero expresar que forma parte de mi vida y que siempre estaremos unidos pase lo que pase. Para mí fue difícil tener amistades sólidas en Venezuela, pero él siempre estuvo allí presente. Para seguir con el relato, continué en la empresa y allí estuve por muchos años, me gradué de administrador y llegué a escalar al puesto de gerente de Mercadeo de la región Centro del país. Mi cabeza solo tenía tiempo para trabajar y estudiar. En esos días conocí un chico ya bastante maduro, pero hermoso. Mi amigo y yo le decíamos tres piernas, ja, ja, ja, porque tenía un gran pene grueso y grande. Nunca llegamos a tener penetración porque me habrían enviado a una reconstrucción anal de inmediato, ja, ja, ja, pero bueno, pasaban cosas más ricas e interesantes más allá de una penetración. Luego de esa aventura me quedé solo un tiempo y conocí a un chico, pero a él nunca lo vi como una relación sino como un amigo, de hecho duró poco porque yo no quise algo más allá que una amistad. Además, en esos días mi hermano mayor estaba preso; mi mamá, mi abuela y mis hermanas andaban tristes y en pánico; era una etapa familiar difícil, mi vida se limitó a trabajar como nunca y el poco tiempo que tenía libre era para descansar. Algunas veces me iba a compartir con mi amigo, pero muy pocas veces porque él tenía su relación. Durante ese periodo conocí a Jhannis, una chica muy trabajadora, empleada de la competencia, y de allí nació una amistad muy linda. La marca que yo representaba era mejor que la de ella, pero llegamos a ser grandes amigos. Luego montamos juntos un negocio de recreación infantil pero eso duró muy poco; igual yo seguía mi trabajo y eso era como un extra. En aquellos días mi hermano salió de prisión y la vida de nuestra familia y la mía estuvieron más tranquilas, a pesar de su condición mi hermano nos quería y nos respetaba mucho. Como al año de quedar en libertad ya las cosas estaban muy bien. Yo salí de vacaciones en la empresa y me fui a un estado de mi país donde hace mucho frío con Francis Blasco, una loca amiga que no contaré cómo la conocí pero sí destacaré que ella era incondicional conmigo. Como les estaba contando me fui de vacaciones y en ese lugar fue un total desorden de comidas y fiestas. El día que llegamos nos hospedamos en un hotel tipo campestre. El lugar era muy lindo y hacía mucho frío. Arreglamos las cosas y fuimos a comer algo en el hotel. Le sacamos conversación al barténder e indagamos sobre la vida nocturna de aquella ciudad turística llamada San Cristóbal. El chico, muy amable, debo decir que era gay, y pues superbién porque algo bueno debía pasar la noche de aquel día frío, ja, ja, ja. Al llegar la noche el muchacho muy amable nos llevó a conocer la ciudad, fuimos a un centro comercial y luego quedamos en ir a una discoteca. Mi amiga y yo nos fuimos al hotel a arreglarnos, el chico pasó por nosotros y nos fuimos al local nocturno; había mucha gente, todo el mundo bien vestido, comenzamos a bailar y a pasarla bien. De repente un grupo de chicos que estaban a un lado comenzaron a sacarnos conversación, y uno de ellos a hablar conmigo. Bailamos y la pasamos superbién, mi amiga consiguió un hetero y hasta se besaron, ja, ja, ja; bueno, yo también me besé con aquel muchacho. Mi amiga estaba muy borracha y me tocó irme al hotel con ella, al día siguiente ya debíamos regresar. Empacamos pero el chico de la disco me escribió y me dijo que me quedara en su casa unos días. Total que mi amiga se regresó sola a la ciudad donde vivíamos y yo de loco me fui donde el chico a pasar vacaciones, ja, ja, ja. Eso fue amor a primera vista. Puedo confesar que la pasé genial, fueron vacaciones geniales. Ese chico tenía un amigo y para que él no anduviera solo, me traje a Jon Alber, un amigo de la infancia. Entonces allí estábamos cuadrados, cada quien con su novio. Cuando ellos trabajaban mi amigo Jon y yo salíamos a conocer y a pasear. Al paso de los días ya me tocaba regresar a mi vida cotidiana; recuerdo que me hicieron una despedida, el papá de Darwin estaba de cumpleaños y ese mismo día me tocaba regresar a Valencia, mi ciudad. Aunque muy triste, iba a regresar feliz porque la había pasado genial. Ambos lloramos mucho; conocí gente superlinda. Hoy en día tenemos contacto. Los considero familia y amigos. Si ellos llegan a leer este libro, quiero decirles que los llevo en mi corazón.

Regreso a Valencia
Ciudad de las naranjas dulces y los hombres complacientes

Llegué a casa el lunes en la madrugada, y todo marchó bien por esos días. El 11 de abril estaba de cumpleaños; todos en mi trabajo supergenial conmigo, me hicieron un pastel, Darwin desde aquella ciudad mágica me mandó mis felicitaciones. Tenía mucho trabajo, llegaba supercansado a mi casa, pero llegaba e iba a visitar a mi madre, que vivía en la misma calle donde yo vivía con mi hermana y mis dos sobrinas, a quienes amo como mis hijas.

Llegó el fin del mes de abril, y también el último fin de semana de ese mes. El sábado me tomé unas birras con mi hermana y unos amigos del barrio; ese día me fui a dormir temprano. Al día siguiente me desperté en la mañana y salí al frente de mi casa y vi hacia la calle y estaba mi hermano en una moto. Le pregunté que a dónde iba y respondió que para una finca a compartir con unos amigos. Nunca voy a olvidar que cuando arrancó su moto me gritó muy fuerte que me quería. Yo me fui a dormir de nuevo, y siento que tocan fuerte la puerta de mi cuarto: era mi sobrina diciéndome que me despertara, que habían matado a mi hermano. Enseguida me levanté y fui corriendo a casa de mi mamá, y estaba allí toda mi familia llorando. Le pregunté a mi mamá y me dijo: "Sí, hijo, mataron a tu hermano". Se me vino el mundo abajo, pero no podía demostrar tristeza, debía apoyar a mi mamá y a mis hermanas. Recuerdo que me fui a vestir y bajé con un primo al lugar donde lo habían matado, y allí estuvimos mientras llegaban a buscarlo. Aquella noche no se durmió, mi mamá y yo fuimos a la morgue y luego lo llevamos a la funeraria y esa noche nos quedamos con él. A la mañana siguiente llegaron mis otras hermanas y yo subí a llevar a mi mamá a reposar un poco. Dejé a mi mamá y me fui de nuevo a realizar las diligencias del entierro. Luego de ya tener todo listo volví a la funeraria; allí estaba toda la familia, y cuando entré a donde estaba mi hermano fue cuando pude drenar y llorar, decirle cuánto lo amaba. Se había ido un pedazo de mi vida. Mi mamá no pudo volver a la funeraria porque se sentía muy mal, le dio mucha fiebre emocional, entonces yo debía estar allí con mis hermanas. Al día siguiente, un día martes, fue el entierro, todos cansados y devastados por la tristeza. Ese momento cuando ya sabes que no lo vas a volver a ver es muy fuerte; una de mis hermanas estaba embarazada y sufrió muchísimo al igual que todos, y su hija mayor quería arrojarse al hoyo. Fue terrible ese momento.

Qué etapa tan dura, qué duelo tan difícil de pasar. A veces las cosas que nos pasan hacen que nuestras vidas cambien por completo. Pasé días muy mal, casi todas las noches soñaba con mi hermano, debía trabajar y no me daban ganas de ir, hasta que finalmente renuncié y preferí darme un reposo para hacer llevadero ese duelo. Como tenía dinero ahorrado estuve sin trabajo hasta agosto.

En septiembre, en un viaje que hice a Caracas, conocí a Johan, un chico muy caballero que cambió mi vida. Él estaba muy pendiente de mí, salíamos mucho, me enamoré de él por su carisma y porque me hacía olvidar un poco la tristeza de mi duelo.

Johan tenía familia en Valencia, entonces iba a visitarme constantemente, hasta que un día llegó a Valencia y me dijo que se había quedado sin empleo y que viviría donde la tía. Entonces nos hicimos novios, y a los días comenzó a trabajar en una empresa. Todo marchaba superbién, pero él tenía muchos problemas con la tía por ser gay. Un domingo me llamó llorando y me dijo que la tía lo había corrido de la casa, y yo le dije: "Recoge tus cosas y te vienes a mi casa". Desde aquel domingo, comenzamos a vivir juntos. Tenía yo 23 años, era 2013.

Llegó 2014 y trabajé tres meses haciendo unas vacaciones en una empresa. Luego de eso, entre él y yo pusimos una empresa. Nos fue muy bien, lo que no iba bien era que él y yo peleábamos mucho porque yo veía cosas extrañas en su comportamiento con el celular. Muchas veces lo descubrí hablando con otros chicos, él me juraba que no, me decía que yo era un loco. Total que así pasó la historia, fuimos muy prósperos, viajamos mucho y todo acabó en el 2015 cuando en Venezuela comenzó una crisis horrible. Sufrí persecuciones, porque yo estaba en contra del gobierno; intentaron secuestrarme, en aquellos días de tanto estrés y trabajo me dio un infarto y me operaron de apendicitis. Pasé diciembre en reposo y el 14 de febrero del 2016 me vine a Costa Rica. Tenía una muy buena amiga aquí, entonces ella me recibió. Dejé a Johan administrando la empresa en Venezuela, mientras que yo me estabilizaba y podía traerlo conmigo. Para mí fue duro porque estaba aquí totalmente solo; gracias a Dios, conseguí trabajo muy rápido, en el primer mes de estar trabajando mi jefe me alquiló una casa que él tenía sin uso, y así poco a poco me fui levantando. Comía todos los días arepa con atún, tanto que hoy en día odio una lata de atún, ja, ja, ja. Pasé mucho trabajo. Para colmo tenía información de que Johan se estaba gastando el dinero en fiestas y que tenía un amante, y pues era cierto. Me dolió mucho porque me había prometido fidelidad y respeto. Y para mi sorpresa, descubrí que con mi dinero iba a revolcarse con un chico de Caracas. Yo moví cielo y tierra hasta que hablé con el chico y me dijo que Johan no le había dicho que tenía pareja; según, para él yo era el mejor amigo, que vivía en Costa Rica. Eso me dolió aún más, pero después de ese problema lo perdoné y le di una oportunidad, me lo traje a Costa Rica y aquí lo puse a trabajar, pero no funcionó: él quería llevar una vida de fiestas, orgías, promiscuidad. Yo soy más relajado de familia, yo soy más de relaciones estables. Pero con todo y eso yo seguí luchando por esa relación, busqué un trabajo lejos de San José, me fui a vivir a Upala. Y en Upala él seguía buscando sexo por una aplicación; teníamos muchas peleas y discusiones, este chico estaba superenfermo. En ese tiempo me despidieron de esa empresa y comencé a buscar trabajo. Vine a Liberia, Guanacaste, Costa Rica, a una feria de empleo donde, gracias a Dios, me dieron trabajo como administrador de una franquicia. De nuevo comencé de cero. Mi jefe nuevo se portó muy bien y me ayudó con el alquiler. Pasé mucha hambre, lloré muchísimo, estaba destrozado porque luché por esa relación 8 años y terminé solo y él cogiendo con medio mundo. Nunca le importó si comía, si dormía bien, cuando mil veces le ayudé. Bajé 12 kilos; a veces comía y otras veces no me alcanzaba, porque debía pagar deudas y ayudar a mi mamá. Un día fue un señor a mi trabajo a buscar una prenda, y desde allí compartimos el número. Salimos varias veces y hasta intentamos algo, pero no funcionó. El 2 de marzo del 2020 estaba en mi casa, revisaba mi Instagram y me salió un chico muy guapo y educado. Le di likes a todas sus fotos, ja, ja, ja, me escribió diciendo gracias por tus likes y eso fue el inicio de una conversación. Ese día salimos al parque, había unas fiestas del pueblo, desde ese momento comenzó a surgir algo muy lindo. Compartimos muchos ideales, me respeta y me quiere. El 29 de agosto de 2020 en plena pandemia nos casamos, gracias a Dios y al Gobierno de Costa Rica, país al que le agradezco tanto por nunca soltar mi mano.

Mi abuela decía que Dios no le da pruebas a quien no puede superarlas, y hoy en día puedo confirmar que es muy cierto, porque pese a toda mi historia de vida, siempre supe que saldría adelante con la ayuda de Dios y de mi familia.

Hay muchos chicos y muchas chicas de la comunidad LGBTIQ que no tienen una mano amiga, no tienen a alguien que les diga que todo va a estar bien; hay muchos que tienen deseos de suicidarse, muchos a quienes su mamá, su papá o sus hermanos los tratan mal como si fueran algún tipo de enfermos. A estas personas les digo que sigan adelante, que creen un plan de vida, que demuestren que somos seres llenos de luz e inteligencia, que podemos soportar y pasar cualquier obstáculo, que mucha gente se equivoca cuando dicen que Dios no escucha a los gays, esto es falso. Claro que Dios nos escucha y nos ayuda, dejemos a un lado a la gente tóxica y que tiene es solo el interés de vernos mal o de bajar nuestro autoestima. Quiero invitar a aquellos que tienen más fortaleza y ya han superado bastantes miedos y temores, a que ayudemos a personas de nuestra comunidad que nos necesitan. Debemos ayudarnos unos con otros.

También quiero hacerle un llamado a aquellos que tienen familiares de la comunidad: apoye a su familiar, dígale que lo ama, dele un abrazo, no lo rechace porque él necesita de usted y de su cariño para salir adelante. El momento es ahora que él está allí con usted, no deje que se vaya de su casa, porque luego en la calle puede conseguir malas amistades que lo lleven al libertinaje, a las drogas, al alcohol. No permita que su familiar o amigo caiga en depresión al límite de querer quitarse la vida. Porque cuando ese momento trágico pase, usted se arrepentirá de no haberlo apoyado, y ya no podrá pedir perdón ni disculpas. Evite que su familiar llegue a esos extremos solo por el hecho de ser gay.

Hay un texto bíblico muy especial que quiero dejarles, y es de amar a tu prójimo como te amas a ti mismo; además es uno de los mandamientos que deja Jesús antes de ascender al cielo; entonces, si amamos a nuestro prójimo, cuánto más a un familiar.

Hoy, antes de terminar este texto, quiero decirles que la vida para un gay no es fácil, que pasamos por miles de obstáculos y pruebas, quiero decirles que no es fácil ser gay y ser migrante. Que pasamos mucho trabajo y extrañamos mucho nuestras costumbres, a nuestras familias y nuestra cultura.

Quiero también decirles que nunca dejé de orar, siempre estuve y estoy de la mano de Dios todopoderoso, sin él no sería nadie.

Ahora vivo felizmente casado, con una familia, con un norte, con nuevos planes, con alguien que me valora, con alguien con quien quiero llegar a viejo.

Busca tu felicidad, no luches por alguien que solo te quiere para usarte y dejarte por otro, no permitas que nadie juegue con tus sentimientos, lucha por ser feliz, los gays también somos hijos de Dios. Así que no te dé pena hablar con él y pedirle que te direccione, si te sientes perdido recuerda que un día este servidor también lo estuvo, pero que tuvo la fe y la esperanza de salir de ese vacío.

Porque todo lo puedes en Cristo que te da fortaleza (Filipenses 4:13).

Agradecimientos

Gracias por leerme, gracias a Costa Rica, gracias a los que me ayudaron a que este proyecto fuera posible.

No puedo terminar este libro sin decirle a mi madre que la amo con todo mi corazón, que eres mi motor; mi razón de vivir eres tú, mi reina hermosa; daría mi vida por ti, eres la mejor mujer, madre y amiga que puede existir en este mundo.

A mis hermanas por hacerme el tío más feliz del mundo, que las extraño y que pido a Dios un día volver a estar con ustedes.

A mis sobrinas y sobrinos, que los amo.

A mi abuela Graciela, gracias por tus oraciones, mi amor, gracias por ayudarme tanto, gracias porque por ti conozco al gran Dios, te amo, abuela, gracias por parir a la mujer que más amo en este mundo.

A mi esposo Josué, gracias por llegar a mi vida. Te amo.

www.ingramcontent.com/pod-product-compliance
Lightning Source LLC
LaVergne TN
LVHW041551060526
838200LV00037B/1237